NAPOLÉON NE

UN DANGER EUROPÉEN

LES

SOCIÉTÉS SECRÈTES

MUSULMANES

PARIS

GEORGES CARRÉ, LIBRAIRE-ÉDITEUR

58, rue Saint-Andre-des-Arts, 58

1890

NAPOLÉON NEY

UN DANGER EUROPÉEN

LES

SOCIÉTÉS SECRÈTES

MUSULMANES

PRIX : **1 Franc**

PARIS

GEORGES CARRÉ, LIBRAIRE-ÉDITEUR

58, rue Saint-André-des-Arts, 58

1890

DU MÊME AUTEUR

LES SOCIÉTÉS SECRÈTES

MUSULMANES

Toute personne instruite des choses de notre temps voit clairement l'infériorité actuelle des pays musulmans ; la décadence des États gouvernés par l'Islàm ; la nullité intellectuelle des races qui tiennent uniquement de cette religion leur culture et leur éducation. Tous ceux qui ont été en Orient ou en Afrique sont frappés de ce qu'a de fatalement borné l'esprit d'un vrai croyant. A partir de son initiation religieuse, vers l'âge de dix à onze ans, l'enfant musulman, jusque-là assez éveillé, devient tout à coup fanatique, plein d'une sotte fierté de posséder ce qu'il croit être la vérité absolue, heureux comme un privilégié de ce qui fait son infériorité. Persuadé que Dieu donne la fortune et le pouvoir à qui bon lui semble, sans tenir compte de l'instruction ni du mérite personnel, le musulman a le plus profond mépris pour

l'instruction, pour la science, pour tout ce qui constitue l'esprit européen (1). »

L'Islàm est donc un monde fermé, rétif à l'idée du
progrès, que sa religion a condamné sans appel. Or
ici la religion est tout. Sa base est le fatalisme, où
le musulman puise sa force ; par lequel il est redoutable. Les cent soixante millions de mahométans ne
sont pas, même à notre époque, une quantité à négli-
ger. Le vrai musulman : *meslim* (homme résigné à la
volonté de Dieu) puise dans son dédain et dans son
mépris pour les non-croyants une force invincible,
alors même qu'il ne leur a pas voué une haine san-
glante. Le *Djehad* (la guerre sainte) est prescrite par
le Coran. Le Prophète a dit : La guerre durera
jusqu'au jour du jugement. Il peut y avoir des trêves,
jamais de paix. »

Aujourd'hui les forces musulmanes sont dispersées.
A part l'Empire turc, « homme malade » qui chan-
celle sur ses bases et puissance contestée par une
partie même de l'Islàm, il n'existe pas en Occident
de puissance mahométane. Les États européens
qui ont des sujets musulmans vivant sur leurs
possessions les maintiennent avec sévérité. Ainsi la
France en Algérie, en Tunisie et au Sénégal ; l'Au-
triche dans la Bosnie ; l'Angleterre en Égypte et dans
l'Inde ; la Russie au Caucase, en Arménie et dans
l'Asie centrale. Les résistances armées sont devenues impossibles.

Pour combattre ce qu'ils regardent comme un dan-

_____

(1) Ernest Renan, *l'Islamisme et la Science.*

ger pour la foi les chefs religieux de l'Islàm ont cherché à resserrer les liens spirituels qui unissent tous les disciples du prophète. Ces efforts, timides d'abord, se sont peu à peu organisés et développés dans tous les pays musulmans. Aujourd'hui ils ont réussi à déterminer un mouvement secret qui, s'étendant des îles de la Sonde à l'Atlantique, constitue un véritable danger pour tous les peuples européens ayant des intérêts en Afrique ou en Asie.

Ce mouvement a comme force et comme moyens d'action de nombreuses associations religieuses qui ont pris un énorme développement sur tous les points du monde musulman et exercent une immense influence sur les masses aveugles et fanatiques.

Les Confréries constituent de véritables sociétés secrètes avec leurs formalités d'initiation, leurs degrés d'affiliation, leurs signes, leurs mots de passe et leurs moyens de reconnaissance... Leur réseau s'étend jusqu'aux points les plus éloignés de l'Islàm. C'est le foyer toujours latent où couvent les insurrections, où s'avive sans trêve la haine ardente de l'infidèle : qu'il soit chrétien, juif, païen ou idolâtre.

I

Tous les voyageurs en Algérie ont vu dans les quartiers arabes un de ces curieux cafés maures, dont notre Exposition universelle nous fournit au Champ-de-Mars ou à l'Esplanade des Invalides plus d'un spécimen très exact.

Dans des salles basses et nues, blanchies à la chaux, ornées parfois de dessins inhabiles de fleurs ou d'oiseaux peints à la détrempe, de graves Bédouins enveloppés dans leurs burnous crasseux, assis du lever au coucher du soleil, se livrent du matin au soir, en fumant le kif (chanvre fermenté), à leurs lentes mais · interminables conversations. Autour de ces consommateurs paisibles le *Kawadji* (cafetier) verseur circule, vêtu de couleurs voyantes, la fleur odorante du jasmin piquée derrière l'oreille. Il tient à la main le vase de cuivre à long manche et sert dans le *zarf* le kawa brûlant ou la coupe de *rahk-loukoum*, accompagnée de l'inévitable verre d'eau glacée.

Parfois après le soleil couché le café maure prend un autre aspect. Sous la lueur tremblottante d'une lampe fumeuse : groupés au fond de la salle, tournant le dos à l'entrée, tous les assistants sont accroupis à terre, en demi-cercle. Devant eux, appuyé au mur, hissé sur un coffret à bois, les jambes repliées sous lui, un Arabe parle pendant de longues heures, tantôt avec lenteur, tantôt avec volubilité. Il accompagne des gestes les plus expressifs son discours qu'il semble jouer plutôt que dire. Cette vivacité contraste avec le calme des auditeurs, qui silencieux, immobiles, bouche béante, les yeux fixés sur lui, écoutent avec la plus religieuse attention le taleb conteur.

Combien de curieuses soirées j'ai passées ainsi dans le fond des cafés maures, prêtant l'oreille à ce qui nous était conté; attentif à le retenir ! Le peuple arabe aime les histoires. Les conteurs de la ville sont appréciés, mais le plus souvent ce sont des étrangers, des voyageurs, des errants qui narrent. Leur répertoire est très varié. Tantôt ils disent des exploits de *djenoun* (génies) étranges comme les légendes des bords du Rhin ou quelque conte défiguré des *Mille et une Nuits :* Simbad[*] le marin, par exemple. Ils racontent les exploits des fils du potier Khaïr-Eddin ; des reïs de la mer devant El-Djezair ; les combats du roi chrétien devant Tounès et sa mort... Mais les récits les plus en honneur ont trait à la religion. Ils rappellent l'histoire merveilleuse des grands saints de l'Islàm : *Sidi-Bou-Saïd*, par exemple, dont le tombeau révéré est à la pointe de Carthage, proche de l'église de Saint-Louis des Français.

Il alla à Roum voir le Khalifa (chef spirituel) de tous les Roûmis (le pape) ; fut reçu avec de grands honneurs et des présents de vive amitié. Il revint mourir chargé d'années à Tounès.

Cette intéressante tradition a persisté à travers les siècles jusqu'à notre époque. J'y vois un rapprochement curieux avec le souvenir de l'ambassade envoyée à la cour de France auprès de Diane de Poitiers, par les Maugrabins, dont la favorite du roi était, dit-on, la Grande Maîtresse. En tous cas, il me paraît qu'il y a là un intéressant point de départ pour rechercher les rapports occultes de l'Orient musulman avec l'Occident chrétien, depuis la chute de la domination arabe en Europe jusqu'à nos jours...

Parmi les grands saints de l'Islàm dont les conteurs disent « la légende dorée », figurent Sidi-Mouley-Taïeb, Sidi-Abd-El-Kader-El-Djilani, Sidi-Mohammed-Ben-Aïssa, Sidi-Abderrhaman, Sidi-Ahmed-Ted-

jini, Sidi-Youssef-Ben-Hansâli, etc... tous fondateurs
de sectes religieuses, plus ou moins puissantes, mais
toutes respectées. La vie et les actes de ses saints ré-
vérés ne le cède en rien à l'œuvre des Bollandistes.

Et je raconterai peut-être un jour aux lecteurs de
l'*Initiation*, quelques-uns des miracles les plus connus
de ces grands Saints, avec le sens ésotérique qui en est
donné dans l'enseignement supérieur de la *Zaouia*
(école religieuse) aux initiés des degrés élevés.

Après avoir entendu un ou plusieurs de ces récits
captivants. l'auditoire se sépare non sans avoir récité
en commun la prière de la cinquième heure et incliné
son front vers le tombeau du prophète. Resté seul, le
kawadji ferme ses volets et revient s'étendre jusqu'au
jour sur la natte de sa boutique, bien enveloppé dans
son burnous. Tout rentre dans le silence des nuits
africaines qui n'est plus troublé que par le bruit des
patrouilles d'agents de police ou de soldats......

II

Les soirées ne se terminent pas toujours ainsi.
Quand la nuit est avancée; quand l'auditoire composé
de bons musulmans est sûr de lui ; à l'heure fixée par
les règlements de police les volets se ferment encore,
mais les assistants ne se séparent pas. On s'enhardit.
Chacun échange à voix basse les paroles sacrées
(le deker). Les *Khouan* (frères) se rapprochent encore
pour écouter les ordres que leur apporte le conteur,
mystérieux envoyé venu du Maroc; de Djerboub,

la Rome musulmane, sise en Haute-Tripolitaine, séjour du Mâhdi des Senoussi ; du Sénégal, parfois même de l'Arabie... La mission véritable de l'amuseur public est de prêcher en secret la guerre sainte contre les infidèles (le Djehad) et d'annoncer la venue prochaine du *Mouley-Sââ* (le Maître de l'Heure). Il jettera à la mer les chrétiens dont le règne prédit par les prophéties a accompli sa durée. Il délivrera le Maghreb de la souillure immonde des giaours. Chacun des auditeurs reçoit des instructions particulières et des ordres du *Khalifa* (chef spirituel) pour les communiquer aux gens de son *Çof* ou de sa tribu. Puis on se sépare et le conteur poursuit sa route, allant plus loin continuer son œuvre.

Quelques semaines, quelques mois plus tard une insurrection soudaine éclate sur un point quelconque du territoire ; un nouveau *schérif* surgit, arborant l'étendard vert du Prophète... Tout d'abord le motif réel de ce soulèvement dont le plus souvent le prétexte est futile, échappe aux autorités. Mais bientôt elles acquièrent la certitude que cette nouvelle levée de fusils est l'œuvre des confréries religieuses, des sociétés secrètes de l'Islàm qui, toutes animées d'une même ardeur fanatique, mêlées à toutes les agitations et à toutes les intrigues, sont d'autant plus dangereuses qu'elles agissent en secret et dans l'ombre.

Les confréries musulmanes formées originairement dans des vues exclusivement religieuses sont devenues plus tard, aux mains de chefs habiles, d'admi-

rables moyens de propagande, des instruments politiques de premier ordre. La France, intéressée plus
que toute autre puissance à les bien connaître, a
fait surveiller autant qu'elle a pu les *Khouan* de
notre Algérie, du littoral tellien jusqu'à l'extrême
sud. Nos officiers du service des renseignements ou
des affaires indigènes, nos administrateurs civils ont
surpris plus d'une fois la main des Khouan dans les
sourdes agitations, l'effervescence, les soulèvements,
les insurrections partielles ou générales en pays
musulman. Le mot d'ordre venait du dehors. Il
émanait des confréries du Maroc ou de la Tripolitaine.

Plusieurs travaux remarquables ont été publiés à
ce sujet (1). Mais on comprend les difficultés que
nos fonctionnaires ou nos officiers ont rencontrées dans
l'accomplissement de leur mission. Sans parler de la
langue même, difficulté vaincue par les interprètes
et tous ceux qui parlent l'arabe, il fallait compter
encore avec la défiance d'une race domptée, mais
non soumise ; avec un fanatisme surexcité par un
enseignement et des pratiques ardentes. Il y avait
surtout la difficulté pour les commissaires enquêteurs
de saisir la trace d'un enseignement presque toujours
oral. Toutefois, la moisson des renseignements
recueillis par nos officiers n'a pas été sans intérêt.

Pour moi, mêlé par suite de circonstances particulières au mouvement religieux de l'Islam pendant un

---

(1) Nous renvoyons en particulier les personnes curieuses de connaître certains détails au tome II de la situation des *Etablissements
français en Algérie*, imprimé par les soins du ministère de la guerre.

séjour de plusieurs années en Algérie et en Tunisie
et plus tard à Constantinople et en Asie ; ayant été
lié d'amitié avec quelques-uns des grands chefs religieux dont l'influence était favorable à la France ;
ayant connu les rares Européens initiés aux secrets
des confréries musulmanes, il m'est possible de four-
nir à leur sujet une série de faits nouveaux qui pour-
ront ne pas être sans intérêt au point de vue de la
doctrine et dont les lecteurs de l'*Initiation* auront la
primeur. Ils nous pardonneront de garder le silence
sur certains points importants où la discrétion nous
est imposée. Il y a là une question de loyauté que
nos lecteurs sauront comprendre.

III (1)

Les confréries musulmanes qui comptent tant
d'affiliés en Algérie étaient, il y a quelques années,
au nombre de douze.

Ce nombre s'est accru depuis cette époque. Le
nombre actuel des sociétés religieuses répandues
dans tout l'Islàm est, à notre connaissance, de
quatre-vingt-dix-huit, se rattachant à l'un des quatre
rites de la religion musulmane, qui sont :

1° Le rite *Maléki*, spécial à l'Afrique ;

2° Le rite *Hanéfi*, spécial aux Ottomans ;

3° Le rite *Chaféite*, spécial à l'Égypte et à l'Iémen ;

---

(1) Dans cette étude d'ensemble, nous ne parlerons d'aucune société
en particulier, si intéressante que puisse être la question. Nous dirons
seulement quelques mots des Senoussyià, à la fin de notre travail.

4° Le rite *Hanébalite*, répandu surtout aux Indes et dans l'extrême Orient.

Chacune des congrégations religieuses de ces différents rites a ses saints, comme nous l'avons dit plus haut, qui forment la *Chaîne (Selselat)*. Les musulmans qui la composent constituent le *Ahl-es-Selselat* (le clan de la *Chaîne*).

Ces chaînes de saints commencent presque toutes par l'ange Gabriel, qui a transmis au prophète Mohammed « la science de vérité ». Ne pourrait-on pas comparer très exactement la chaîne religieuse musulmane à la *Sira Hermiki* (Σειρα Πρμαιχη), la *chaîne hermétique* de l'école néo-platonicienne, avec laquelle les Khouan ont plus d'un rapport par leur mélange de morale, de mysticisme et de pratiques rappelant aussi bien les gnostiques que les sociétés occultes ?

« La chaîne d'or » se continue par le fondateur de l'ordre jusqu'aux chefs actuels en conservant les noms de tous leurs prédécesseurs. Certaines congrégations attribuent même la connaissance de la chaîne à la révélation directe. Le plus souvent elle a lieu par l'entremise de Sidi-El-Khadir (le prophète Élie) qui, comme le prophète Idris (Hénoch) a bu à la source de vie et fut ainsi exempté de la mort.

Son corps astral est séparé de sa dépouille inerte. Ils ne se réunissent qu'une fois par an pour apporter aux Khouan « la parole » et conférer les dons de *Baraka* et surtout celui de *Tessarouf*, le plus précieux de tous dont nous parlerons tout à l'heure.

La sainteté est une « échelle » dont il n'est pas

donné à tous d'atteindre les degrés les plus élevés. En haut se tient le *R'outs* (le refuge, le sauveur), dont les mérites sont tels auprès de Dieu qu'il peut prendre à sa charge une partie des péchés des fidèles... N'est-ce pas encore ici le *Sôter* (Σότερ) du Gnosticisme ?

L'ensemble des saints du plus haut degré prend le nom de *R'outs-El-Aben* (le refuge du monde).

Au-dessus du *R'outs* se tient le *Kotb* (le pôle), puis l'*Aoutad* (le piquet... de tente), puis le *Khiar* (le meilleur), puis l'*Abdal* (le changeant), puis le *Nedjib* (le distingué), enfin le *Nakib* (le chef... d'un groupe).

Voilà quels sont, par degrés descendants, les états successifs qui conduisent jusqu'à l'état d'*ouali*, c'est-à-dire d'ami de Dieu, de saint, d'être privilégié, ayant le don des miracles, la connaissance des secrets de la nature, réservés à l'initié du plus haut rang.

Le but défini des sociétés secrètes musulmanes est « *la plus grande gloire de Dieu et l'exaltation de la vraie foi* (1) ». C'est précisément la devise — tout au moins dans sa première partie — d'une Compagnie religieuse chrétienne, bien connue par son esprit dominateur et ses tendances de suprématie politique. Ici encore nous trouvons une curieuse coïncidence !

Les fidèles doivent s'efforcer de suivre la « bonne voie » qui, par des étapes successives les amène à un état moral de plus en plus voisin de la perfection.

La voie *(trika)* ou l'arrivée, l'initiation *(ouerd)* indiquent les règles, pratiques, formules, signes spéciaux à chaque ordre religieux. Une similitude d'as-

---

(1) Je cite textuellement.

sonances et d'écriture entre les deux mots : *ouerd*
(arrivée) ; *ourıd* (rose), établit longtemps une confu-
sion entre les affiliés. Beaucoup de musulmans
appellent encore la cérémonie de l'affiliation : « *Prendre la rose* ».

Ainsi lorsqu'on se fait recevoir frère de l'ordre de
Mouley-Taieb « on prend la rose de Mouley-Taieb ».
Pour se reconnaître deux musulmans s'adressent la
même question : « Quelle rose portes-tu ? » Cette
phrase est le *qui-vive* de l'association. Si celui qu'on
interroge n'appartient à aucune congrégation il répond : « Je ne porte aucune rose. Je suis simplement
serviteur de Dieu ».

Rien de plus naturel après ce qui précède que de
rapprocher la « rose » des sociétés secrètes musulmanes de la « rose mystique » ou de la rose-croix
maçonnique.

En réalité l'*ouerd* est « la doctrine et la règle qui
constitue la voie ». Elle donne la véritable initiation
et confère le *deker*, c'est-à-dire l'accès au premier
degré.

IV

Les ordres religieux admettent en général sept
degrés successifs pour arriver à l'état parfait. Selon
son état d'avancement dans la voie ; suivant « son in-
troduction à la vie dévote » le fidèle prend tour à tour
différents noms.

Il est d'abord *Talamid* (disciple ou assistant) :

exactement le néophyte, puis *Mourid* (aspirant) :
Il devient initié; — puis *Fakir* (pauvre, dans le sens
mystique du mot) ; puis *Soufi* (voyant) ; *Salek* (mar-
chant... dans la voie) ; enfin *Medjedoub* (le ravi,
l'attiré... à Dieu). Chacun de ces degrés ne se
gagne qu'après des épreuves successives.

Restent encore les deux degrés supérieurs auxquels
parviennent bien peu de fidèles : le *Mohammedi*
(plein de l'esprit du Prophète) ; le *Touhidi* (état de béa-
titude suprème, anéantissement dans la Divinité).
Nous retrouvons ici le Nirwanâ hindou.

Les sociétés religieuses musulmanes sont très vi-
goureusement constituées au point de vue adminis-
tratif. En haut le *cheikh*, supérieur général, grand
maître de l'ordre dont la résidence est la plupart du
temps à la *ʒaouïa* mère, voisine du tombeau du saint
fondateur de la congrégation... Au-dessous du cheikh
sont un certain nombre de *mokaddem*, véritables
lieutenants ou prieurs, ayant qualité pour conférer
l' « ouerd » aux fidèles de leurs districts. que nous
pourrions aussi bien appeler leur province ou leur
diocèse. Ils confèrent aussi souvent par faveur spéciale l'ouerd de la Confrérie aux étrangers ; aux
passants « qui recherchent la lumière ».

Pour assister les Mokaddem, les informer, les
maintenir en rapport permanent avec le chef suprême
de l'Ordre ou entre les Provinciaux des agents subal-
ternes existent, dont le rôle est fort important. Ils
prennent, selon les cas, le titre modeste de *Chaouch*
(serviteur), de *rekabh* (courrier à pied) ou de *nakib*
(envoyé). Ils sont chargés de transmettre de province

à province les instructions ou les ordres des chefs : *ordres toujours verbaux*. Leur caractère est ignoré. Ils doivent passer inaperçus et pouvoir franchir de longues distances sans attirer l'attention. Le *rékab* accomplit sa mission le plus rapidement possible afin de devancer les ennemis de la Société et échapper à leur poursuite éventuelle.

Les supérieurs religieux, dans les cérémonies initiatiques, désignent ordinairement leurs khouan sous le nom affectueux d'*Ashab* (les amis). Ainsi s'expliquent les noms mystiques *Ashab-el-trika* (les compagnons de la voie) ; *Ashab-el-echedd* (les compagnons du zèle); *Ashab-el-begat* (les compagnons du tapis) ; etc.

Le *kreddam* (serviteur religieux) est un néophyte en instance d'initiation dont le stage est souvent fort long et qui remplit dans les zaouïas le rôle des frères lais des ordres religieux chrétiens. C'est à cette catégorie qu'appartiennent les serviteurs auprès de la zaouïa de Djerboub (Tripolitaine) que Sidi Mahdi-el-Senoûsi a fait venir du royaume de Wadaï, sur les bords du lac Tchad. Le Grand-Maître des Senoûsi a fait de ces kreddam noirs, envoyés ensuite par lui dans l'intérieur de l'Afrique, le séminaire de ses missionnaires musulmans, que les Pères Blancs du cardinal Lavigerie ont déjà souvent rencontré sur leur chemin comme autant de concurrents redoutables.

L'ouerd est conféré aux frères deux fois par an dans les zaouïas par le mokaddem (qui prend alors le nom de *Mouley-Trika* (maître de la voie), dans les *Djel-lalas* (affaires graves) suivies du *zerda* (repas religieux) qui réunit en agapes fraternelles tous les Khouan, quel que soit leur rang social.

Les *ʒerda* se tiennent à la suite des *hadra* (assemblée générale bi-annuelle des mokaddem auprès du cheikh), véritables chapitres où se traitent les affaires générales intéressant la Société et les questions se rattachant à son rôle politique ou religieux qui reste toujours occulte.

L'état actuel de la religion justifie aux yeux des fidèles une réserve, une prudence, un secret expliqués par la situation des musulmans obligés de subir une autorité détestée ; de vivre en contact permanent avec les chrétiens et les puissances infidèles.

Au temps de la splendeur de l'Islàm, sous les premiers califes « la voie de Dieu » était *l'état de gloire*. Plus tard, à l'époque des luttes intestines entre sectes rivales est arrivé *l'état de résistance*. Aujourd'hui, sous le joug abhorré des *Roûmis* ; à présent que la résistance à ciel ouvert n'est plus possible, c'est à *l'état de secret* que se trouvent les musulmans. C'est cet état que pratiquent les confréries vis-à-vis de la domination chrétienne en quelque point d'Afrique ou d'Asie qu'elle s'exerce.

V

L'agitation religieuse embrasse toute l'étendue des pays mahométans. Son véhicule le plus puissant est le pèlerinage annuel de la Mecque. On comprend facilement de quelle importance peut être pour les intérêts musulmans des puissances européennes cette nombreuse procession de pèlerins qui s'en vont chaque année retremper leur ferveur religieuse au foyer du fanatisme musulman. Il en vient de Bokhara, de Samarkand, de Saint-Louis du Sénégal ou des bords du lac Tchad. Le khédive d'Égypte envoie régulièrement des présents au grand schérif. Les cent vingt mille voyageurs réunis chaque année dans la caravane du *Rakeb* n'échangent pas seulement, on le pense bien, des chapelets et des marchandises, mais aussi des nouvelles et des idées. La présence des chrétiens dans le Maghreb (le couchant) est le fait qui intéresse le plus les fanatiques. Le rakeb donne donc lieu à une véritable enquête périodique sur l'ensemble de nos actes politiques et administratifs. En quelques mois les résultats de cette enquête sont connus dans tout l'Orient, où ils déterminent la hausse ou la baisse du crédit moral des puissances européennes sur les esprits islamiques.

Nous ne nous faisons aucune idée en Europe des ramifications qui unissent entre elles les parties les plus éloignées du monde mahométan uniquement par la puissance très inattendue de la.. presse.

Aujourd'hui le journal est partout, il circule chez les musulmans comme chez les chrétiens, excellent instrument de propagande. Au moment du conflit tunisien un journal arabe hostile à notre intervention, le *Mostakel*, s'imprimait en Sardaigne, à Cagliari, pour être ensuite répandu à nombreux exemplaires jusqu'aux points les plus méridionaux de la régence. Un réfugié politique égyptien, le cheikh Abou-Nadara, publie depuis plusieurs années à Paris, un journal arabe qui combat à la fois la politique de Tewfick-Pacha et l'occupation anglaise de l'Égypte. Enfin nous avons appris récemment que des caricatures offensantes pour notre domination ont été saisies dans l'extrême-sud algérien.

Mais c'est pendant mon séjour à Constantinople que j'ai eu la confirmation la plus frappante de ce que je viens d'affirmer. A diverses reprises j'ai vu, dans Stamboul où il habite, un Arabe, Syrien d'origine, qui a résidé à Paris et à Londres pendant quelque temps. Je tairai son nom. Frotté d'Occidental, mais demeuré musulman dans l'âme, il s'est déclaré le champion du Panislamisme — un mot barbare auquel il faut cependant habituer vos oreilles. — Il rédige avec beaucoup de talent un journal en arabe et en turc. Le tirage de sa petite feuille dépasse cent mille exemplaires. Elle est expédiée par ballots de Samarkand à Mogador. Un de mes amis l'a trouvé au fond du golfe Persique, à Bender-Abassi, à Téhéran et Bagdad. Ce journal a des correspondants partout. Son rédacteur m'a montré une lettre du cheikh El-Bakkay, celui-là même qui a si bien accueilli, en juillet 1880, le docteur Lenz dans son voyage à travers le Sahara, à Timbouktou où la famille El-Bakkaï domine. Ce journaliste est en correspondance suivie avec le Maroc, l'Algérie, Tunis, la Tripolitaine, l'Égypte, l'Arabie, la Syrie, la Perse, l'Inde, etc. J'ai vu sur sa table des lettres portant le cachet des provinces les plus lointaines de l'Inde anglaise : Bengale et Cachemire, et des possessions russes du Turkestan où plus tard, moi-même (l'année dernière), j'ai retrouvé sa trace.

Je laisse nos lecteurs juges de l'influence que peut avoir à un moment donné dans le monde mahométan un tel moyen de propagande... sans parler des moyens occultes !

C'est ainsi que les chefs religieux de l'Islàm ont, non sans succès, resserré les liens spirituels qui unissent tous les disciples du Prophète. Ces efforts, timides d'abord, se sont peu à peu organisés et développés dans tous les pays musulmans. Aujourd'hui ils ont réussi à déterminer un mouvement secret qui s'étendant des îles de la Sonde à l'Atlantique constitue un véritable danger pour tous les peuples européens ayants des intérèts en Afrique et en Asie.

Si nous ne nous étions limités à dessein le champ du présent travail, nous montrerions aux lecteurs de l'*Initiation* quelles éventualités redoutables menacent l'Europe chrétienne au courant du vingtième siècle. Il est à craindre qu'elle ne se trouve prise entre la marche en avant vers le nord des musulmans d'Afrique et la marche en avant vers l'ouest des musulmans d'Asie. Nous ne parlons pas de la réserve innombrable des peuples de race jaune qui, comme une invasion de sauterelles, viendra achever et clore l'œuvre destructive et dévastatrice si bien commencée par les Mahométans dans une Europe qui a oublié la solidarité qui devrait unir les *nations menacées*.

Sans nous attarder à un avenir aussi sombre, revenons au présent. Il est assez réel et assez inquiétant pour préoccuper nos esprits. Les associations

secrètes musulmanes ont pris un immense développement sur tous les points du monde mahométan
et exercent une immense influence sur les fidèles.

Sous prétexte d'apostolat, de charité, de pèlerinage
et de discipline monacale les agents des congrégations sillonnent l'Asie et l'Afrique, mettent en com-
munication directe La Mecque, Djerbooub, Stamboul,
Bagdad, Fez, Timbouktou, Alger, Samarkand,
Bokhara, le Caire, Khartoum, Zanzibar, Calcutta
et Java... Ils revêtent les formes les plus diverses : négo-
ciants, étudiants, médecins, ouvriers, mendiants,
charmeurs d'oiseaux ou de serpents, saltimbanques,
fous simulés ou illuminés inconscients. Ils sont partout bien accueillis et portent la bonne nouvelle et les
instructions des cheiks. C'est le foyer toujours latent
où couvent les insurrections, où s'avive sans trêve la
haine ardente du roûmi quelle que soit sa religion ou
sa nationalité.

VI

Nous aurons terminé l'étude rapide que nous avons
tentée ici après avoir parlé avec quelques détails du
deker, la plus importante des pratiques des sociétés
secrètes musulmanes. Car elle constitue essentielle-
ment l'affiliation proprement dite.

Deker (la mention, la prière) est la formule de ralliement qui permet aux frères de se reconnaître entre
eux. Chaque société a un deker particulier. Il se com-
pose ordinairement d'un certain nombre de versets

du « Livre » placés dans un ordre particulier et donnant lieu à une récitation spéciale.

Deux musulmans se rencontrent. Le premier après avoir observé la disposition et la couleur des vêtements de son compagnon récite avec l'intonation prescrite les premiers mots d'un verset du Coran. Si le second achève la phrase et commence, en se mettant à « l'Ordre » le verset suivant continué par le premier et repris avec les formules, la reconnaissance est faite entre eux et se termine par l'enlacement des doigts. Ils appartiennent à la même société... Comme le deker de chaque congrégation est tenu très secret, la supercherie est difficile, d'autant que des signes extérieurs imperceptibles du vêtement et de la coiffure servent encore à renseigner les fidèles... Celui qui n'est pas affilié répond humblement: « Je suis un simple serviteur de Dieu! » Et son plus cher désir es de devenir initié à son tour.

Le deker du premier degré est presque toujours une invocation très courte. Car le Prophète a écrit : « La Foi est d'autant plus pure que la prière est plus simple », excellent moyen pour attirer les illettrés et les ignorants, qui composent la masse des croyants. Le deker leur suffit d'ailleurs pour obtenir l'aide et la protection de tous les frères, quels que soient leur rang et le pays qu'ils habitent. Il est vrai que leur obéissance aux statuts de l'ordre est absolue: « Tu seras entre les mains de ton cheikh comme le cadavre entre les mains du laveur des morts. C'est Dieu même qui commande par sa voix », dit en termes exprès un des kanouns de l'ordre de Sidi-Abd-El-Kader-El-Djilani.

N'est-ce pas explicitement le *perinde ac cadaver* de la célèbre compagnie de Jésus?

Le deker du premier degré doit se répéter plusieurs milliers de fois de suite, tout comme le rosaire des chrétiens. On voit ainsi chez les bons musulmans les grains du chapelet dont ne se sépare jamais tout pieux fidèle, courir entre ses doigts lorsque se succèdent par dizaines, par centaines, les invocations, les oraisons continues. Au bout d'un certain temps, il arrive que ces exercices répétés amènent une excitation cérébrale, une véritable stupeur, une sorte d'hypnotisme intime et de monomanie fixe, devant lesquelles disparaît la faculté de réfléchir et de vouloir ; qui fait des adeptes autant d'instruments dociles et inconscients.

Comme exemple de deker du premier degré, voici celui des disciples de Sidi-Mohammed-ben-Aïssa (*les Aïssaouas*), pour chacune des cinq prières du Kamaz.

Deker du Matin (*au lever du soleil*)

Réciter cent fois : Au nom du Dieu puissant et miséricordieux !

Cent fois : Il n'y a de Dieu qu'Allah !

Cent fois : J'implore le pardon de Dieu et je proclame la louange de mon maitre.

Cent fois : Il n'y a de Dieu qu'Allah ! le redoutable, le fort, l'irrésistible ! O mon Dieu ! répands tes bénédictions sur N. S. Mohammed en nombre aussi étendu que ta création, aussi grandes que le poids de ton trône, aussi abondantes que l'encre qui sert à transcrire ta parole ; aussi étendues que ta science et tes prodiges.

DEKER DU DOHA *(vers neuf heures du matin)*

Réciter cent fois : Au nom du Dieu puissant et miséricordieux !

Mille fois : Il n'y a de Dieu que Dieu !

Mille fois : La sourate : Dis ! Il est le Dieu unique ! etc.

Mille fois : O mon Dieu ! répands tes bénédictions sur N. S. Mohammed, sur sa famille, sur ses compagnons. Donne-leur le salut.

DEKER DU DOHOR *(deux heures après-midi)*

Réciter mille fois : Au nom du Dieu, etc.

Mille fois : Il n'y a de force et de puissance qu'en Dieu, le grand, le sublime.

Mille fois : O mon Dieu ! répands tes bénédictions, etc.

DEKER DE L'ACER *(quatre heures du soir)*

Réciter mille fois : Au nom du Dieu, etc.

Mille fois : Il n'y a de Dieu qu'Allah, l'être adorable, le Saint, le maître des anges et de l'âme.

Mille fois : Il n'y a de force et de puissance qu'en Dieu, le grand et le sublime.

Mille fois : O mon Dieu ! répands tes bénédictions, etc.

DEKER DU MAGHREB *(coucher du soleil)*

Réciter mille fois : Au nom du Dieu, etc.

Mille fois : La sourate « Fathâa » tout entière.

Mille fois : Dis ! Il est le Dieu unique ! etc.

Mille fois : O mon Dieu ! répands tes bénédictions, etc.

DEKER DE L'ACHA *(soir)*

Réciter mille fois : Au nom du Dieu, etc.

Mille fois : Que ta louange soit proclamée ! Tu es
Dieu ! Que ta louange et ta grandeur soient proclamées !
Tu es Dieu ! Tu es l'être infini ; que ta louange soit pro-
clamée ! Tu es Dieu !

Mille fois : O mon Dieu ! répands tes bénédictions,
etc.

Après chaque centaine, le fidèle dit : O Protecteur !
Toi qui vois tout ! O toi qui es notre secours ! Protège-
moi. Etre clément, miséricordieux, bienfaisant. Tu es
mon appui, ô Dieu ! ô Dieu ! ô Dieu !

Ce Deker cité n'est qu'une initiation grossière.
Chez les *Kaderya* aussi l'initiation est facile ; les
épreuves sont courtes (1). Mais dans d'autres sociétés il
faut pour « recevoir la rose » un noviciat de mille et
un jours pendant lesquels l'impétrant est condamné
aux plus basses fonctions de la domesticité et subit
des épreuves à la fois basses et pénibles avant de recevoir le *Telkin (l'Initiation)*.

L'initiation est progressive. Elle s'étend à l'affilié
(Mourid-el-Hassey) qui forme le plus grand nombre,
à l'élite *(Mourid-Khiar)* et enfin à l'élite de l'élite
(Mourid-el-Khiar-el-Khaour).

Le degré suprême atteint par très peu de fidèles
attribue à ceux qui y touchent le don précieux de
Tessarouf. Il dévoile les mystères de la nature et permet aux saints de disposer de toutes les forces de la
création et d'en changer à leur volonté l'ordre établi
et la marche régulière. C'est à proprement parler le
don des prodiges.

---

(1) La manière dont les Kaderya se mettent à l'Ordre est la suivante :
S'asseoir les jambes croisées, toucher avec la main droite l'extrémité
du pied droit, puis le bas-ventre. Placer la main ouverte sur le genou,
les doigts écartés, en prononçant le nom de Dieu d'une voix grave et
prolongée, en allongeant la dernière syllabe.

Nous voici arrivé à un des points de notre travail que nous ne pouvons dépasser : « aux questions réservées ». Nous allons, toutefois, donner pour le comparer au deker des simples affiliés et sans entrer dans le détail des signes visibles, des mots mystiques ou les clés des attitudes et des secrets des Ordres un passage de l'enseignement ésotérique donné dans les zaouïas de la confrérie de Sidi-Abd-El-Kader-El-Djilani.

Le cheikh rase la tête du frère et reçoit de lui l'acte de contrition et l'engagement *(hahed)*. Il le coiffe ensuite du diadème et le revêt du manteau. Il le lie à un autre frère par des liens solides, lui ceint les reins de la ceinture de l'initié... Puis il le fait asseoir sur le tapis, lui prépare le repas en commun auquel prennent part tous les frères. Après les invocations et les prières d'usage, il répond à une série de questions dont nous citerons quelques-unes :

D. Qui, le premier, a reçu la ceinture ?
R. Gabriel.
D. Où l'a-t-il reçue ?
R. Au ciel.
D. Qui l'en a ceint ?
R. Les anges du ciel, par l'ordre de la Vérité. Que sa gloire soit proclamée !
D. Qui, le second, a reçu la ceinture ?
R. N. S. Mohammed.
D. Qui l'en a ceint ?
R. Gabriel, par l'ordre du Maître de l'Univers.
D. Qui, le troisième, a reçu la ceinture ?
R. Ali, fils d'Abou-Thaleb.
D. Qui l'en a ceint ?
R. N. S. Mohammed.

.   .   .   .

D. A qui appartient la ceinture (fermeté) et la main (puissance) ?

R. La ceinture est à Ali, fils d'Abou-Thaleb, et la main à Mohammed.

. . . .

D. Combien y a-t-il de ceintures ?

R. Deux : la ceinture supérieure est à Gabriel. Elle est dans le ciel. La ceinture inférieure est à Ali, fils d'Abou-Thaleb. Elle est sur la terre. C'est la confrérie.

. . . .

D. Qu'est-ce que la voie *(trika)* ?

R. C'est la science, la continence, la sagesse, la patience et l'excellence de succession.

D. Quel est ton *ouerd* et que t'impose-t-il ?

R. La recherche du salut et de la résurrection divine ; la douceur des paroles ; la confraternité et la sincérité du langage et des œuvres.

D. Qu'est-ce que le tapis de la voie ?

R. C'est la purification par les œuvres et les mystères.

D. Combien le tapis a-t-il de couleurs ? Et quelles sont-elles ?

R. Le tapis a quatre couleurs qui sont : la loi divine ; la vérité suprême ; la voie droite ; la connaissance du Dieu très haut.

D. Combien le tapis a-t-il de mots symboliques ?

R. Quatre, qui sont : Gabriel, Michel, El-Haçan et El-Hoçein.

D. Combien le tapis a-t-il de lettres ?

R. Quatre, qui sont : le *ta*, le *mim*, le *hâ* et le *noun*.

D. Que signifient-elles ?

R. Le *ta* veut dire que le compagnon du tapis doit être la poussière des gens de la voie ; le *mim*, l'eau courante et pure qui rafraîchit la soif ; le *hâ*, le vent frais qui souffle dans les arbres et répand sur les gens de la voie la perfection et le repos ; le *noun* indique le feu qui ébranle la maison du méchant.

. . . .

D. Combien de ponts à passer pour arriver à la place d'Ali et qui, près de vous, est assis sur le tapis ?

R. Il y a trois ponts à passer. A ma droite est Gabriel ;
à ma gauche Michel ; derrière moi est Azraël et devant
moi Assafil. Au-dessus de moi est le Souverain Glorieux
et sous mes pieds la Mort qui est plus proche de nous
que la veine jugulaire ne l'est de la gorge...

. . . .

D. Quels sont vos témoins ?
R. Ma main droite et ma main gauche. Elles porteront
témoignage le jour de la comparution suprême, par
devant le Maître de l'Univers et les deux anges écrivant
par son ordre...

. . . .

D. Quelle est la maison sans portes, la mosquée sans
mihrab et le prédicateur sans livre ?
R. La maison sans porte c'est la terre, région d'illu-
sions trompeuses ; la mosquée sans mihrab, c'est la
Kabâ, que Dieu très haut la protège ! Et le prédicateur
sans livre, c'est Mohammed, car il prêchait sans livre.
Et on écrivait, au contraire, ses paroles sur un livre.

. . . .

D. Si la viande se gâte, on y met du sel. Que signi-
fient ces paroles ?
R. La viande représente les gens de la voie ; le sel est
le cheikh. Si les membres de notre sainte confrérie se
gâtent, le cheikh les guérit. Si le cheikh se gâte on le
remplace dans l'assemblée.

. . . .

VII

Nous pourrions prolonger outre mesure ces exem-
ples de l'enseignement initiatique des zaouïas. Nous
pensons que le fragment qui précède suffira à en
donner un aperçu suffisant.

Nos lecteurs auront été frappés sans doute du mysticisme qui préside aux leçons des Mokaddems et qui

semble absorber les forces musulmanes dans une
sorte de contemplation exclusivement religieuse. Ce
serait là une erreur profonde. Et s'il est vrai que
toutes les confréries musulmanes ne paraissent pas
aussi militantes les unes que les autres, il ne faut pas
perdre de vue que l'Islàm, aujourd'hui à l'*état de
secret*, traverse en ce moment une dangereuse époque
de fermentation. Une agitation inaccoutumée se con-
state depuis plusieurs années en pays mahométans. Il
y a quatre ans, elle apparaissait au sud du Maroc et
de l'Algérie; nous la voyons encore à l'heure actuelle en
Egypte, en Arabie, dans l'Asie Centrale. Le fanatisme
religieux est partout.

C'est que le monde musulman est dans l'attente
d'un grand événement... Une ancienne prophétie
avait annoncé pour le premier jour de Moharrem 1300
de l'Hégire (qui correspondait au 12 novembre 1882)
la manifestation éclatante du Mahdi, c'est-à-dire du réformateur des derniers jours, sauveur providentiel
qui doit régénérer l'Islàm et soumettre la terre aux
vrais croyants.

Or, toute prophétie musulmane embrassant une
semaine d'années, il en résulte que c'est seulement au
commencement de l'année chrétienne 1890 que s'é-
teindra cette effervescence qui peut être comparée aux
inquiétudes dont fut saisie l'Europe au moyen âge, à
l'approche de l'an mille.

L'époque venue, un Mahdi a surgi tout à coup du
fond de la Haute-Egypte, entraînant avec lui les
tribus révoltées du Kordofan et de la Nubie. Bientôt
le Soudan oriental tout entier était soulevé. Moham-

med-Achmet, le Mahdi de Dongola, a pris soin de
caractériser lui-même sa mission dans une réponse
au sultan du Wadii, qui lui envoyait des munitions
et des armes : « Après avoir relevé mon trône à
Kahira (le Caire), je porterai en Arabie le glaive de
la foi que le prophète a mis à ma droite, pour la défense
de ses doctrines, afin de prier à la Mecque sur le tombeau du Prophète pour la conversion des infidèles.
Et je prendrai dans cette ville une résidence, comme
gardien du saint tombeau... »

Les progrès du Mahdi de Dongola au Soudan, la
chute du général Gordon dans Khartoum ; la marche
en avant des Derviches, la mort de Mohammed-Ach-
met, remplacé par son fils sur le Haut-Nil, où les
troupes anglo-égyptiennes du général Grenfell oppo-
sent une frêle digue au flot envahisseur tout prêt à se
précipiter sur l'Egypte, sont des faits connus.

Ajoutons seulement que Mohammed - Achmet
après avoir étudié depuis 1864 dans les zaouïas de
Berber et de Khartoum s'était fait affilier depuis
1870 à la société de Sidi-Abd-El-Kader-El-Djilani.
C'est au mois d'avril 1881 qu'il sortit de son ermi-
tage sur un ordre venu d'en haut. Il proclama l'éga-
lité universelle, la communauté des biens et son dessein « d'exterminer les musulmans, chrétiens, païens
qui ne reconnaîtraient pas sa mission divine en qualité de Mahdi ».

VIII

Tandis que grandissait, dans la Haute-Égypte,

dans le Soudan Oriental et dans la Nubie le renom du Mahdi de Dongola, des pèlerins partis d'une oasis éloignée de la Tripolitaine atteignirent El-Obéid, la capitale du Mahdi égyptien, après trois mois d'un pénible voyage. Ils étaient porteurs d'un message de leur maître, signé : Mohammed-el-Mahdi. La puissance de ce nom devait être grande. Car, loin de maltraiter des envoyés dont la présence semblait l'accuser d'imposture, le Mahdi de Dongola les renvoya vers leur maître, chargés de présents.

Qu'était ce pouvoir assez redoutable pour imposer au Mahdi lui-même le respect dû à un pouvoir égal ? Quel était ce nouveau Mahdi ?

Le Mahdi de Tripolitaine est le fils de Sidi-Mohammed-ben-Ali-es-Senoûsi. Algérien exilé qui a fondé, il y a quarante-six ans, la confrérie religieuse qui porte son nom et dont l'extension a été vraiment prodigieuse. Sur son lit de mort, Sidi-es-Senoûsi a pris soin de désigner son fils comme le Mahdi attendu. Il avait passé plusieurs années dans la retraite; le nom de son père était Mohammed, celui de sa mère Fatma. Il remplissait les conditions requises par le texte des anciennes prophéties, et il prit le titre de Mahdi, réformateur de l'Islâm.

Sidi-Mohammed-el-Mahdi commande aujourd'hui à la moitié du monde musulman. Son pouvoir s'étend sur toute l'Afrique du Nord, du Maroc à l'Égypte. Il a son principal centre d'action et sa zaouïa métropolitaine en territoire turc, dans le vilayet de Tripoli, au sud-ouest et à deux jours de marche de l'oasis de Syouah. Et, fait bien curieux: à travers les siècles le

*

foyer du fanatisme musulman se retrouve aujourd'hui précisément à la même place. L'endroit même où s'élève la ville sainte des Senoûsites, la récente Jehrboub, est exactement celui d'où Mohammed-el-Çabbah, « le Vieux de la Montagne », envoya, pour tuer le roi de France Louis IX, alors devant Tunis, ses fidèles « Assâsin », dont l'histoire des croisades nous a appris le rôle et dont le nom est passé dans notre langue.

A l'intérieur du continent l'influence du Mahdi s'étend souveraine : à l'est, au delà de l'oasis d'Ammon et des pays qui entourent le lac Tsad (Wadaï, Bornou, etc.) ; à l'ouest, jusqu'au Sénégal par le chapelet des oasis, en englobant le pays des Touaregs, Azgueurs et Ahaggars. La confrérie ne compte pas moins de cent vingt couvents ou centres d'action toujours en activité... comme un volcan ! Le nombre des affiliés répartis en Afrique et en Asie dépasse trois millions.

Jusqu'à ces derniers temps, l'organisation tout occulte de l'ordre de Sidi-el-Senoûsi était restée ignorée. Grâce aux immenses recherches, à la patience toujours en éveil d'un de nos éminents collègues à la Société de géographie, voyageur et savant distingué, M. Henri Duveyrier, cette organisation est aujourd'hui étudiée dans tous ses détails. Nous les complétons ici.

Comme les autres confréries religieuses de l'Islàm, les serviteurs du Mahdi des Senoûsites maintiennent leur association à l'état de société secrète. Ils évitent soigneusement tout signe extérieur de ralliement qui pourrait les trahir. Leur chapelet sur lequel ils récitent leurs oraisons ne diffère en rien de celui de la confrérie de Moulay-Taïeb. Et ils communiquent à leurs affiliés seuls les formules de la prière supplémentaire que ceux-ci doivent réciter après la prière réglementaire du matin.

Le Mahdi de Tripolitaine est l'ennemi irréconciliable de la domination française dans le nord de l'Afrique. On a trouvé la main de la confrérie dans tous les assassinats de voyageurs pendant ces dernières années : MM. Dournaux-Duperré et Joubert, sur le chemin de Ghadamès à Ghat, en 1874 ; les Pères du Soudan à Ghadamès, en 1880 ; la deuxième mission du colonel Flatters sur la route de Laghouat aux Etats Haoussas, en 1881. Il fit attaquer en 1882 la mission topographique du Chott-Tigri, qui n'échappa à une ruine totale que grâce au sang-froid, à l'énergie et à l'intrépidité de nos camarades, MM. le capitaine de Castries et le lieutenant Delcroix.

Le dernier soulèvement des Ouled-Sidi-Cheik, puissante tribu religieuse du sud de la province d'Oran en 1879, a été provoqué par des émissaires senoûsites. L'agitateur Bou-Amâma, avant de lever l'étendard de la révolte, était *mokhadem* (prieur) d'un couvent senoûsite. En 1882, étant à Tunis, nous avons eu personnellement la preuve d'intrigues de la secte dans l'entourage du bey et aussi à Tripoli, pour empêcher la rentrée des dissidents tunisiens réfugiés en territoire turc.

Le Cheik-el-Mahdi, qui a succédé à son père, mort en 1859, s'efforce par tous les moyens de conserver

son prestige aux yeux des vrais croyants. A la fin de
sa vie, Senoûsi ne sortait jamais sans un voile noir
sur le visage afin d'épargner le rayonnement de sa
face auguste aux yeux de ses fidèles. Le fils, sans
aller aussi loin, se montre très peu en public. Son
aspect est froid. Et lorsqu'il donne audience, il tient
sa montre à la main pour n'accorder au visiteur que
le temps qu'il lui a fixé d'avance. C'est un homme de
haute taille, à l'aspect imposant, à la parole facile et
éloquente quand il rompt le silence rigoureux où il
affecte de se renfermer d'ordinaire. El-Mahdi a tout
ce qu'il faut pour fanatiser les masses dont il est le
chef, autant par la puissante organisation de la confrérie que par la discipline sévère imposée à ses adeptes.

Le Mahdi de Djerboub, pape musulman de trois
millions d'âmes, correspond avec les points les plus
éloignés de sa domination. Ses ordres sont transmis
par des courriers spéciaux qui portent au couvent de
la confrérie les ordres du grand Maître. Les missives,
soigneusement cachetées, sont cousues dans la dou-
blure des vêtements. La manière seule dont elles sont
pliées indique à première vue au destinataire si elles
font partie de la correspondance officielle de la confrérie. La rapidité avec laquelle les nouvelles se trans-
mettent en pays arabe est merveilleuse. Voici un
exemple frappant dont nous avons été témoin. En
mars 1883, M. Ferdinand de Lesseps, lors de son
exploration des chotts du sud de la Tunisie pour la
Mer Intérieure, débarqua le matin à Sfax. Je le condui-
sis à la mosquée et lui présentai les notables musulmans. Nous fîmes ensemble la prière. Puis M. de Les-

seps leur annonça qu'il était porteur d'une lettre d'Ab-
el-Kader recommandant le projet du colonel Rou-
daire. Il en donna lecture. Le soir il se rembarqua
et le lendemain à la première heure débarquait à
Gabès. Or, de Sfax à Gabès, il y a sept jours de marche
par terre... Pourtant, quand le soir même de son
arrivée à Gabès M. de Lesseps visita le village de
Menzel où l'attendait la *djemmâa*, le chef des anciens
le félicita sur la lettre de l'émir. La bonne nouvelle,
dit-il, leur était parvenue de Sfax dans la journée.

Outre l'organisation occulte de son ordre, le Mahdi
de Tripoli dispose de force militaires importantes qu'il
pourrait utiliser dans une guerre véritable. Djerboub (1), la zaouïa métropolitaine, a été fondée
en 1861 par le Mahdi. Elle est située dans une des
oasis du désert de Tripoli. C'est un grand couvent
fortifié, bâti sur le versant sud et dans les cata-
combes que borde au nord le lac de Faredja. Djerboub était un lieu désert avant la fondation de la
zaouïa. Le Mahdi commença par y faire creuser des
puits, construire de grandes citernes et créer des
plantations. En 1874, le couvent ne contenait encore
que quelques étudiants et des esclaves. Deux ans
plus tard on trouvait à Djerboub des ateliers d'armu-
rerie où l'on montait des fusils venant d'Égypte. La
confrérie possédait déjà quinze canons achetés à
Alexandrie et débarqués à Tabrouk, plusieurs milliers de fusils et de kilogrammes de poudre de fabri-
cation anglaise. Les écuries de la zaouïa contenaient

---

(1) Position géographique : latitude nord, 29° 47' ; longitude
est, 220°.

de nombreux chevaux. En 1880, la garde du corps
de Sidi-Mohammed-el-Mahdi se composait de quatre
mille Algériens, refugiés politiques. On voit quelle
rapide extension a prise la capitale du Mahdi.
En 1882, il tenait sa cour à Djerboub au milieu de
ses deux mille esclaves, d'Algériens compromis dans
les dernières insurrections, de Marocains et d'étudiants de toute provenance, beaucoup venus de l'A-
frique centrale. Tous ces étudiants, ces cultivateurs,
ces esclaves se transformeraient en temps de guerre
en autant de combattants. Les autres zaouïas ont un
contingent plus ou moins nombreux d'esclaves.
Zitoûn, au nord de Siwa, en emploie plusieurs centaines.

M. Duveyrier nous a appris (1) qu'à la zaouïa
d'Aziat dont la position exacte en Cyrénaïque est
encore inconnue, il y a cinq cents chameaux de bât
avec leurs harnais et leurs outres en bon état, entretenus constamment, avec un nombre égal de convoyeurs
nègres, prêts à se mettre en route sur un signe du
mahdi pour un long voyage. A la zaouïa de Nedjila,
deux cents chameaux et des nègres pour les conduire
sont entretenus sur le même pied, etc.

C'est au moyen des missionnaires nègres formés à
la zaouïa de Djerboub, que le Mahdi a réussi à étendre
sa domination sur les Wadaï et la plus grande partie
du Soudan central. Aux deux grandes fêtes de l'A-
gneau, Aïd-Srir et Aïd-el-Kébir se réunit à Djerberif
le grand conseil de l'Ordre, l'*Hadra*, que préside le

---

(1) *Les Forteresses et l'Armée de la Confrérie religieuse de Sidi-El-
Senoûssi*, par HENRI DUVEYRIER (juillet 1883) Paris.

Mahdi, assisté de son frère et des Mokaddems des provinces. Un système régulier de courriers, à mehari ou à cheval, est organisé autour de Djerboub vers l'Égypte, la Tripolitaine, la Tunisie, l'Algérie, le Maroc, le Fezzan Wadaï, le Darfour, le Soudan central et occidental et le Sénégal. Nul ne peut arriver à Djerboub sans être signalé longtemps à l'avance et nul n'atteindra la zaouïa métropolitaine sans l'autorisation du prophète, secrètement donnée à l'insu du voyageur, de le laisser passer. On peut comparer les difficultés d'accès de Djerboub aux difficultés pour pénétrer dans Bokhara la Sainte, en Asie centrale, il y a une dizaine d'années seulement.

Ainsi que nous l'avons dit plus haut pour les confréries en général, chacune des zaouïas senoussites a son mokaddem, son oukil, ses rezzahs, ses tobbas, ses serviteurs. L'instruction du premier degré, s'y donne selon les règles de la plus pure doctrine de l'Islàm telle que l'a instituée Sidi-el-Senoûssi, pour aller ensuite se répandre au loin.

Nous croyons devoir arrêter ici cette étude déjà trop longue peut-être. Il nous a paru toutefois intéressant de soulever, pour les lecteurs de l'*Initiation*, un coin du voile qui cache à nos regards profanes l'Orient musulman, mystérieux creuset où s'élabore peut-être pour le vingtième siècle une force expansive, dont le monde occidental sentira tout à coup la redoutable puissance de destruction. L'heure n'est pas venue encore, mais les temps sont proches. Déjà nous sommes menacés. Depuis trente ans, dans le renouveau de la foi islamique fermentent sous l'apparence des formules et des doctrines religieuses des échanges d'idées, des tendances, des groupements, une concentration musulmane qui à un instant donné seront devenues formidables. Notre curiosité, notre intérêt, l'esprit de solidarité européen, notre sécurité même nous font un devoir d'étudier autant qu'il nous sera possible ce monde fermé et obscur. Nous devons y pénétrer très profondément afin de le mieux connaître et de déjouer le moment venu ses trames et combattre en état de légitime défense.

P. S. — Depuis l'achèvement de ce travail, un de nos officiers, très au courant de la question des confréries musulmanes, est revenu d'un voyage en Orient. A Constantinople, grâce à des relations communes, il a pu visiter dans le couvent retiré où il habite, le chef du Bureau secret Panislamique, Mohben Z, l'aîné des trois frères Z. Ce directeur reçoit des instructions du Cheikh de l'Islâm et du Khalife (Sultan) seulement. Il entretient avec tous les pays musulmans des rapports occultes et permanents et a des agents dans plusieurs pays chrétiens.

C'est ainsi que nous avons appris sans trop d'étonnement la présence à Paris d'un correspondant secret chargé de renseigner le Bureau Panislamique de Constantinople sur tout ce qui peut intéresser les musulmans.

4003 — TOURS, IMPRIMERIE E. ARRAULT ET CIE

L'INITIATION

Revue philosophique et indépendante des Hautes Études.

Hypnotisme, Théosophie
Kabbale, Science Occulte, Franc-Maçonnerie

MENSUELLE. — 96 PAGES. — 40 RÉDACTEURS
1° Partie Initiatique. 2° Partie Philosophique. 3° Partie Littéraire

DIRECTEUR : PAPUS

DIRECTEUR-ADJOINT : Lucien MAUCHEL

Rédacteur en Chef : | Secrétaires de la Rédaction :
GEORGE MONTIÈRE | Ch. BARLET, J. LEJAY

L'*Initiation* paraît depuis le 15 octobre 1888. C'est la plus belle et la plus importante des Revues d'Occultisme françaises. C'est la seule qui donne presque chaque mois à ses abonnés de magnifiques primes phototypiques dont l'ensemble représente plus du prix d'abonnement.

RÉDACTION
14, rue de Strasbourg, 14
PARIS

ADMINISTRATION
ABONNEMENTS
58, rue St-André-des-Arts
France . . 10 fr. par an
Étranger . 12 fr. —

LES ABONNEMENTS PARTENT DU 15 OCTOBRE

Le Numéro : UN FRANC

www.ingramcontent.com/pod-product-compliance
Lightning Source LLC
Chambersburg PA
CBHW060501210326
41520CB00015B/4046